LES SCIENCES AUXILIAIRES

DE

L'HISTOIRE DU DROIT

PAR

Eugène LELONG

(*Extrait de la Revue internationale de l'Enseignement*)

PARIS

LIBRAIRIE MARESCQ AINÉ
A. CHEVALIER-MARESCQ & Cie ÉDITEURS
20, RUE SOUFFLOT

1900

LES SCIENCES AUXILIAIRES

DE

L'HISTOIRE DU DROIT

LES SCIENCES AUXILIAIRES

DE

L'HISTOIRE DU DROIT

PAR

Eugène LELONG

(*Extrait de la Revue internationale de l'Enseignement*)

PARIS

LIBRAIRIE MARESCQ AINÉ

A. CHEVALIER-MARESCQ & Cie ÉDITEURS

20, RUE SOUFFLOT

1900

LES SCIENCES AUXILIAIRES

DE L'HISTOIRE DU DROIT [1]

Messieurs,

Ma première parole doit être une parole de remerciement.

Je dois remercier tout d'abord M. le doyen de la Faculté de droit (2), qui a accueilli avec une particulière bienveillance l'offre que j'étais venu lui faire, il y a quelques mois, d'un cours de *Sciences auxiliaires de l'histoire du droit.*

Je dois remercier ensuite la Faculté et le Conseil général de l'Université, qui ont bien voulu, par un vote unanime, autoriser un enseignement dont le rapport avec les études juridiques aurait bien pu leur paraître un peu incertain.

Assurément, s'il revenait en ce monde, le législateur de l'an XII serait singulièrement surpris de voir ce qui s'enseigne aujourd'hui, sous couleur de droit — fût-ce même à titre purement complémentaire — dans l'enceinte de ces écoles restaurées par lui.

Il relirait l'article 2 de sa loi du 22 ventôse, organique des Écoles de droit : « On enseignera [dans les Écoles de droit] : 1º Le droit « civil français dans l'ordre établi par le Code civil, les éléments du « droit naturel et du droit des gens, et le droit romain dans ses « rapports avec le droit français ; 2º Le droit public français et le « droit civil dans ses rapports avec l'administration publique ; « 3º La législation criminelle et la procédure civile et criminelle » ; et, sa lecture terminée, il se demanderait quel rapport peuvent bien avoir avec le droit civil français, enseigné dans l'ordre établi par le Code ou considéré dans ses rapports avec l'administration publique, les enseignements si nombreux et si variés dont il lirait les titres et les programmes sur les affiches — grandes ou petites — placardées à l'entrée de cette École.

Mais rien, j'imagine, ne l'étonnerait — et ne le scandaliserait d'avantage — que les quatre mots qu'il lirait en sous-titre sur la plus petite de ces affiches : *Bibliographie, Épigraphie, Paléographie, Diplomatique,*

> Grands mots que Pradon croit des termes de chimie.

Messieurs, vous êtes venus nombreux à cette première leçon —

(1) Leçon d'ouverture (15 décembre 1897) d'un cours libre de Sciences auxiliaires de l'histoire du droit, autorisé à la Faculté de droit de Paris pour l'année scolaire 1897-1898.

(2) M. Garsonnet, qui avait montré beaucoup d'intérêt pour un enseignement dont il ne devait voir que les débuts, et à la mémoire regrettée duquel je tiens à témoigner encore une fois de toute ma gratitude.

et je veux vous en remercier tout de suite, d'autant que je n'ai pas la téméraire présomption d'espérer vous retenir tous aux suivantes — et votre seule présence témoigne que vous ne partagez en rien les inquiétudes du législateur de 1804 ou de ses successeurs attardés. Vous n'ignorez pas que, depuis longtemps déjà, et particulièrement depuis un quart de siècle, un esprit nouveau a inspiré l'enseignement des Facultés de droit pour les transformer d'écoles purement professionnelles qu'elles étaient au début de ce siècle en établissements de haute culture scientifique. Elles redoutent moins aujourd'hui qu'en 1804 de former des idéologues, et, sans sacrifier en aucune façon le vieux fonds des études de droit civil, qui doivent toujours demeurer le centre et comme le noyau solide de leur enseignement, elles estiment qu'il convient de vivifier ce qu'il pourrait y avoir d'un peu trop scolastique dans cet enseignement exclusif, d'une part, par l'étude des sciences politiques, économiques et sociales qui nous font pénétrer dans la vie de la société contemporaine, et, de l'autre, par l'étude de l'histoire qui, en nous faisant connaître la lente évolution des institutions du passé, nous prépare à mieux comprendre et à mieux juger celles du présent.

Pour m'en tenir à ce dernier ordre d'études qui doit être le nôtre, il me suffira de rappeler quelques dates qui jalonnent, pour ainsi dire, la marche progressive des études de droit historique dans les Facultés de droit.

C'est sous la Restauration, au moment même où Guizot fondait, par ses premières leçons de la Sorbonne, l'enseignement de l'histoire moderne dans notre pays, que fut créée en cette École, sous le titre d'*Histoire du droit romain et du droit français*, la première chaire d'histoire du droit qu'aient possédée nos facultés françaises : c'est aujourd'hui la chaire d'histoire du droit du doctorat de droit public. Ceci se passait en 1819 ; mais depuis plus de vingt ans déjà, Hugo et Savigny enseignaient l'histoire du droit dans les universités allemandes.

Quarante ans plus tard, en 1859, une seconde chaire, consacrée spécialement à l'histoire du développement du droit privé était instituée sous le titre d'*Histoire du droit français étudié dans ses origines féodales et coutumières* : c'est aujourd'hui la chaire d'histoire du droit du doctorat juridique.

La même année, une troisième chaire d'histoire du droit était créée dans une de nos facultés de province, à Toulouse, et confiée à l'un des rares hommes qui, à cette époque, s'occupaient en France de l'étude historique du droit, à Ginouilhac.

Tel est l'état de choses qu'ont connu les étudiants de ma génération. Deux cours d'histoire du droit, à Paris, pour les candidats au doctorat, un autre à Toulouse, rien dans les autres facultés de province.

Rien non plus, même à Paris, pour les candidats à la licence. Pour eux, l'histoire du droit français commençait aux travaux préparatoires du Code civil, et Cambacérès, avec ses trois projets, aurait risqué de passer à leurs yeux pour le plus ancien des jurisconsultes français et pour le successeur immédiat de Tribonien, si les professeurs de Code civil n'avaient eu, pour la plupart, l'habitude de combler une lacune trop criante par une large introduction historique consacrée à une vue d'ensemble sur l'évolution de notre ancien droit.

Il existait bien, il est vrai, en dehors des Facultés de droit, deux cours d'histoire du droit, l'un à l'École des chartes, l'autre au Collège de France (1). Mais les leçons si nourries et si lucides d'Adolphe Tardif, professées dans une école spéciale, loin du centre des études, ne profitaient guère qu'aux futurs archivistes, et la chaire du Collège de France était, par son titre même, une chaire d'*Histoire des législations comparées*, dont le brillant titulaire avait le droit, dont il usait, d'étudier à son gré et tour à tour les institutions de la vieille Égypte ou celles de la jeune Amérique, celles de la Grèce ou celles de Rome, et même celles de la France (2). Pendant les années où il m'a été donné de le suivre, le cours était professé plutôt par le mordant auteur de *Paris en Amérique* que par l'érudit historien du *Droit de propriété foncière en Occident* et de la *Condition civile et politique des femmes*. Aucun de ses auditeurs, du reste, ne s'en plaignait, et quand nous nous entassions dans la salle n° 8 pour applaudir la leçon de l'orateur libéral, nous savions bien que, ce jour là, il n'y serait pas question des destinées du sénatus-consulte Velléien. Tout cela n'empêche pas Laboulaye d'avoir été en France le véritable fondateur de l'enseignement historique du droit, et je ne regrette aucun de mes applaudissements.

Mais revenons aux Facultés de droit. Elles sont bien changées de ce qu'elles étaient en 1870. Dans toutes, il existe maintenant deux cours d'histoire du droit pour les aspirants docteurs. Dans toutes également, on a institué, en 1879, un cours général d'histoire du droit français, placé avec juste raison au début des études de licence.

(1) La conférence d'histoire du droit de l'École des hautes études que M. Thévenin dirige depuis sa création, n'a été établie qu'après 1870.

(2) Voy. *Trente ans d'enseignement au Collège de France* (*1849-1882*), Paris, 1888.

Pour être moins apparent dans l'enseignement du droit romain, le changement n'en est pas moins profond. Le nombre et le titre des chaires n'a pas varié, mais si vous ouvrez un des manuels qui servaient aux étudiants d'il y a cinquante ans, celui de Du Caurroy, par exemple, et si vous le comparez aux livres que vous avez maintenant entre les mains, vous ne serez pas longtemps à vous apercevoir que, sous le même titre, ce sont des choses toutes différentes qu'on vous apprend aujourd'hui. D'exégétique qu'il était alors, l'enseignement du droit romain est devenu surtout historique. Ce n'est plus, comme en l'an XII, dans ses rapports avec le droit français et comme source directe de quelques-unes des dispositions de nos Codes, ce n'est plus même seulement à un point de vue d'esthétique juridique et comme le monument le plus parfait élevé à la science du droit par la logique d'esprits à la fois pratiques et subtils, que le droit romain vous est enseigné dans cette Faculté ; c'est à titre de témoin et de débris grandiose d'une des plus remarquables civilisations qui aient paru dans le monde, d'une de celles qui, s'étendant sur le plus grand nombre de siècles, nous permet de suivre le développement et la transformation des institutions dans des milieux sociaux plusieurs fois renouvelés. Ainsi entendue, l'étude du droit romain doit servir de correctif à une tendance fâcheuse que risque de faire naître l'étude exclusive des textes d'un droit en vigueur, celle de regarder, par le seul fait qu'elles existent, les institutions du présent comme la forme définitive et, pour ainsi dire, nécessaire des choses, comme la formule *ne varietur* du droit.

C'est donc historiquement que le droit est maintenant enseigné dans nos Facultés, du moins en celles de ses branches qui comportent la méthode historique. La création récente d'une agrégation spéciale d'histoire du droit marque le dernier terme du progrès commencé par la modeste création de 1819.

C'est la part désormais considérable faite à l'élément historique dans l'enseignement et dans les concours qui est la raison d'être de ces leçons sur les sciences auxiliaires de l'histoire du droit que la Faculté a bien voulu m'autoriser à vous faire.

Il me reste à vous dire brièvement comment je conçois cet enseignement, quel en sera l'objet et quel but il se propose.

Disons tout d'abord ce qu'il ne sera pas.

Il ne sera pas un neuvième cours d'histoire du droit venant s'ajouter aux huit cours entre lesquels se partage, dans cette Faculté, l'enseignement historique du droit romain et celui du droit français. Ce n'est pas que, malgré les progrès si considérables réalisés à cette heure, on ne pût découvrir quelques provinces de l'histoire du droit sur lesquelles pourrait s'installer avec grand profit un enseignement complémentaire.

J'aurais plaisir pour ma part à pouvoir suivre dans cette École un cours de droit grec, un cours d'histoire du droit public romain (1), même un cours d'histoire du droit canonique, bien que ce dernier enseignement soit déjà donné à quelques pas d'ici et sous deux formes différentes par deux membres de cette Faculté, je n'ai pas à dire avec quelle autorité.

Mais je n'ai à aucun degré la compétence requise pour l'un quelconque de ces enseignements.

Mes intentions sont autres et beaucoup plus modestes.

Je suppose un jeune homme qui a suivi régulièrement les cours de cette École. Il a été particulièrement intéressé par ceux qui traitaient de matières historiques, et il a conçu le dessein de terminer par une thèse d'histoire du droit ses études de doctorat ; peut-être songe-t-il à se consacrer spécialement à cette branche des études juridiques et à préparer l'agrégation d'histoire du droit. Ou bien, plus simplement, c'est un étudiant qui, sans aucune arrière-pensée de grade ou de concours, se sent attiré par un goût particulier vers les recherches historiques. Ses années de droit terminées, il souhaiterait pouvoir employer les loisirs probables que lui laissera au début la profession qu'il a le dessein d'embrasser à étudier quelqu'une des institutions de sa province, de sa ville, de son village. Il a emporté de l'enseignement de cette École un fond solide de culture juridique, et des notions précises et exactes sur les grandes lignes du développement historique des institutions et du droit. Cependant, le jour où, quittant les sommets de l'histoire générale du droit, il veut aborder une question de détail, il se sent comme dépaysé. Il ne sait quels livres ouvrir, quels documents consulter. Il a bien aperçu, sur les rayons inférieurs de quelque bibliothèque, de longues rangées d'in-folios ; on lui a dit que c'était des recueils de sources : il n'a pas osé insister. Par les fenêtres grillées d'un dépôt d'archives, il a pu entrevoir de grandes salles garnies, du plancher au plafond, de cartons, de liasses, de registres. Il soupçonne vaguement que dans quelque recoin de ces vastes galeries se dissimulent des documents qui éclaireraient d'un jour nouveau la question encore obscure et mal élucidée qui le préoccupe, mais il ignore s'il existe quelque fil conducteur qui puisse le guider dans ce labyrinthe. Il se risque cependant à y entrer. On lui apporte sur d'imprécises indications un carton dont le titre paraît répondre en

(1) Depuis que ces paroles ont été prononcées, une chaire d'histoire du droit public romain a été créée à la Faculté de droit de Paris.

effet à ses désirs et à ses espérances. Il l'ouvre avidemment, et le referme bientôt désespéré, abjurant à jamais la vaine prétention de faire jaillir une étincelle de vérité de ces vieux parchemins dont il n'est pas parvenu à déchiffrer une ligne.

Que de forces ainsi perdues, que de bonnes volontés inutilisées, que de vocations découragées à qui il n'a manqué, pour porter des fruits utiles à la science, pour faire une riche récolte dans un champ où la moisson est abondante et où il y a peu d'ouvriers, que quelques conseils de direction, quelques indications à la fois très simples, mais tout à fait indispensables, qu'un apprentissage très court des outils qu'un historien juriste doit apprendre avant tout à connaître et à manier.

Un indicateur, un alphabet, une grammaire, voilà tout le bagage, le viatique nécessaire, mais suffisant, dont doit se munir l'étudiant en histoire du droit avant de s'engager dans la voie des recherches personnelles et des travaux d'érudition. La *bibliographie* lui fournira l'indicateur, la *paléographie* l'alphabet, la *diplomatique* la grammaire.

La *bibliographie*, qui est, dans un sens large, la science des livres, s'entend, dans un sens plus restreint, de la connaissance des répertoires de livres. Qu'a-t-on écrit sur ce sujet? Telle est la première question que se pose celui qui aborde un problème quelconque; pour nous ce sera un problème d'histoire du droit. Or, sur tous les sujets, on commence à avoir passablement écrit. La Bibliothèque nationale possédait sur ses rayons, au 1er janvier 1897, 2.048.893 volumes, dont 515.097 se rapportaient à l'histoire et 160.459 au droit. Le British Museum en renferme presque autant, et il n'y a peut-être pas un volume sur trois qui soit commun à ces deux dépôts. Et par toute l'Europe, et au-delà de l'Atlantique, la production littéraire s'accroît d'année en année avec une vitesse accélérée. Rien que pour la France, le *Journal de la Librairie* enregistre chaque année près de 15.000 articles déposés au Ministère de l'intérieur, et ce chiffre ne comprend pas les revues, ni les autres périodiques par lesquels, à l'heure actuelle, la science se fait autant et plus que par les livres.

La production est presque aussi considérable en Angleterre; elle l'est plus encore en Allemagne. Comment se reconnaître et s'orienter au milieu de cet océan de littérature? Ce sont les répertoires bibliographiques, disposés suivant des plans et des méthodes diverses, qui serviront aux travailleurs de boussole et de cartes marines. De ces répertoires, les uns sont généraux, d'autres nationaux, d'autres spéciaux. Ces derniers, qui sont les plus utiles, se rapportent soit à l'ensemble d'une science, soit à un point particulier de cette science.

Le nombre et la valeur des répertoires bibliographiques va chaque jour s'augmentant, et c'est un grand service que rendent à la science les auteurs consciencieux, patients et modestes de ces inestimables compilations. Rien de plus dangereux, en effet, pour un travailleur que de s'engager dans un sujet sans en avoir fait avec soin la bibliographie : il risque d'avoir ignoré le livre capital qui rendra son propre travail ou sans valeur, ou tout au moins inutile, au cas où il serait arrivé, avec beaucoup de peine, au même résultat que son devancier. Nous devrons donc avant toutes choses passer en revue et apprécier ceux des répertoires bibliographiques qu'un historien du droit ne peut ignorer sans péril.

Les répertoires bibliographiques font connaître les livres qu'il peut être utile de consulter sur une question donnée. Il est une autre catégorie d'ouvrages dont il est indispensable que l'apprenti historien possède familièrement, dès le début de ses études, la connaissance et le maniement. Ce sont ces grandes collections de textes et de documents, ces recueils de *sources*, comme on dit, qui doivent être dans les travaux d'histoire du droit ce que nos recueils de lois et de décisions de jurisprudence sont dans la pratique quotidienne des affaires.

Les sources ! Remonter toujours aux sources ! Ne pas se contenter d'ouvrages et de citations de seconde main ! Voilà un mot, voilà des conseils qui reviendront souvent dans nos entretiens. Le conseil au surplus n'est pas nouveau. La Bruyère le donnait déjà, il y a deux siècles : « L'étude des textes ne peut jamais être assez recommandée ; c'est le chemin le plus court, le plus sûr et le plus agréable pour tout genre d'érudition. Ayez les choses de la première main ; puisez à la source ; maniez, remaniez le texte ; apprenez-le de mémoire ; citez-le dans les occasions ; songez surtout à en pénétrer le sens dans toute son étendue et dans ses circonstances ; conciliez un auteur original, ajustez ses principes, tirez vous-même les conclusions » (1) — et la suite qu'il faudrait citer en entier.

Nous étudierons donc ces grands recueils d'érudition dans lesquels, depuis trois siècles, en France et hors de France, la science des Bénédictins et celle de leurs émules ou de leurs continuateurs ont accumulé les matériaux solides de tout travail historique. Il importe, en effet, que, dès le début de ces études, vous appreniez à connaître autrement que de nom les œuvres de Du Chesne et de Du Cange, de Baluze et de Dachery, de Mabillon et de Martène, ce qu'est le *Recueil des historiens de la France*, celui des *Ordonnances*,

(1) *De quelques usages.*

la collection des *Documents inédits*, et, à l'étranger, Muratori, les *Monumenta Germaniae* et la collection du Maître des rôles.

Trouverez-vous dans ces grands recueils et dans d'autres analogues tous les documents nécessaires à la solution de la question d'histoire du droit que vous vous proposez de traiter ? Vous en trouverez déjà beaucoup, plus peut-être que vous ne pourriez vous y attendre. Il ne faut pas avoir le fétichisme de l'inédit. On a déjà imprimé énormément de textes, et dont les historiens sont bien loin d'avoir tiré tout ce qu'ils contiennent. Il est arrivé, il y a quelques années, à un éminent écrivain de dire qu'en fait de documents, ce qu'il y avait de moins connu, c'était ce qui était imprimé — et il y a dans ce paradoxe une bonne part de vérité. Pour l'antiquité et pour le haut moyen âge, tous les textes ont été édités et d'une façon généralement satisfaisante. Ceux d'entre vous qui voudront entreprendre quelque travail sur l'histoire du droit romain ou sur celle du droit mérovingien n'auront rien à chercher en dehors des livres. Dans ce double domaine, en effet, le hasard à peu près seul aujourd'hui peut amener des découvertes. On a mis au jour récemment, sur un débris de papyrus, quatorze lignes mutilées d'un fragment d'un jurisconsulte classique, probablement de Pomponius, relatives au contrat de société. Il est licite cependant à tout le monde d'écrire sur les sociétés en droit romain sans aller fouiller préalablement les tombeaux égyptiens.

La situation est différente pour ceux qui voudront étudier le droit ou les institutions du moyen âge, à partir, si vous voulez, du XIIe siècle, et surtout les institutions des trois derniers siècles, moins connues peut-être, si singulier que cela puisse paraître, que celles du XIIIe siècle par exemple. Ici, la part de l'inédit est considérable. Elle le sera toujours, quelque zèle que puissent déployer les publicateurs de textes. Beugnot a imprimé *in extenso* les quatre plus anciens registres du Parlement, ceux qu'on appelle les *Olim* ; Boutaric en a analysé, arrêt par arrêt, une dizaine. Il en reste à dépouiller près de douze mille. Vous voyez qu'il y a encore pour les plus laborieux d'entre vous des registres sur la planche.

Ces documents inédits, il vous faudra les aller chercher là où ils se trouvent, c'est-à-dire dans les bibliothèques et dans les archives. Aux bibliothèques appartiennent, par définition, les manuscrits, c'est-à-dire les copies exécutées à la main d'œuvres littéraires, scientifiques, historiques, juridiques, théologiques. Dans les archives sont conservés les actes de l'autorité publique, les collections de décisions judiciaires, les correspondances diplomatiques et administratives, enfin un nombre prodigieux d'anciens titres ou contrats entre particuliers qu'on appelle des chartes. Mais cette répartition des documents entre bibliothèques et archives est plus théorique que réelle. Par suite de circonstances diverses sur lesquelles je ne puis insister en ce moment, la plupart des grandes bibliothèques de manuscrits, et plus que toute autre notre incomparable Bibliothèque nationale, possèdent, en quantité considérable, des documents d'archives qui sont, par suite, absents des dépôts où la logique conduirait à les aller chercher. Dans ces grands dépôts même où, il y a un siècle, la Révolution a concentré pour le plus grand bien des études historiques — mais non pas, il faut bien le reconnaître aussi, sans des pertes à jamais déplorables — des millions de dépôts, de *fonds* particuliers jusque là isolés et souvent inaccessibles, aux Archives nationales surtout, les idées qui dominaient alors en la matière ont amené des triages, des classements soi-disant rationnels, dont nous subissons encore actuellement les conséquences et qui rendent souvent difficile la découverte du document que l'on poursuit. L'histoire de la formation de nos dépôts de manuscrits et d'archives, le résumé des travaux qui y ont été exécutés en ce siècle, l'indication des règles qui y président aux communications, l'énumération des principaux catalogues ou inventaires qui permettent d'y trouver ce qu'on y cherche, voilà, avec l'étude des répertoires bibliographiques et des recueils de sources, ce qui fera l'objet de nos premiers entretiens.

L'ensemble des opérations préliminaires qui ont pour but la recherche des sources et la réunion des documents, préalable indispensable de tout travail historique, a reçu récemment un nom particulier. Ce nom, usité depuis quelque temps déjà en Allemagne, a obtenu chez nous droit de cité dans le livre que viennent de faire paraître MM. Langlois et Seignobos sous le titre d'*Introduction aux études historiques* : c'est celui d'*Heuristique*. La bibliographie, science des répertoires, n'est, dans cette terminologie, qu'une branche de l'heuristique.

Voilà donc, grâce aux opérations dont nous venons de prendre un aperçu, l'étudiant en histoire du droit en possession de ses documents tant manuscrits qu'imprimés. Il s'agit maintenant pour lui de les lire, de les interpréter et de les mettre en œuvre.

Mettons tout de suite à part une première catégorie de documents qui se rapportent exclusivement à l'antiquité, je veux parler des inscriptions grecques et latines. Laissons de côté les inscriptions grecques, puisque la Grèce doit demeurer en dehors de nos études. Les inscriptions latines — vous le savez déjà par vos études de droit romain — sont la source principale de nos connaissances sur l'histoire du droit public romain, et une source encore de grande importance pour l'histoire du droit privé. Mais ici, il n'y a pas de longues recherches à faire. Toutes les inscriptions latines sont réunies ou le seront sous peu dans les quatorze volumes du *Corpus inscriptionum latinarum* que publie l'Académie de Berlin. Le tome XII qui contient les inscriptions de la Narbonnaise a paru, il y a quelques années. Le tome XIII, consacré aux inscriptions des trois Gaules et des deux Germanies, le dernier qui reste à publier, s'imprime en ce moment. D'autre part, les inscriptions latines, écrites dans cette belle capitale romaine dont vous avez tous vu des exemples au Louvre, ne présentent pas de difficultés matérielles de lecture. Toute la difficulté réside dans l'interprétation des abréviations, qui exige une connaissance sérieuse des antiquités et de l'organisation politique et administrative de l'Empire romain.

La science qui enseigne à déchiffrer les inscriptions s'appelle l'*Épigraphie*. J'ai inscrit son nom sur mon programme à la place qu'elle me paraît devoir logiquement occuper dans le groupe des sciences auxiliaires de l'histoire du droit. Mais, cette année du moins, je n'ai pas l'intention de l'aborder sérieusement. Tout au plus pourrai-je, en quelques conférences, vous faire connaître les règles essentielles les plus élémentaires applicables à tous les genres d'inscriptions, celles qui se rapportent aux noms des personnages qui figurent dans les inscriptions, à l'indication de leurs titres, des fonctions qu'ils ont successivement occupées — ce qu'on appelle le *cursus honorum*. L'épigraphie juridique, en effet, mériterait de faire à elle seule l'objet d'un cours pendant une année entière, et il serait très désirable que quelqu'un voulût bien se charger de vous en exposer les principes. Mon regretté ami Henry Michel en avait fait, en 1885, l'objet d'une conférence complémentaire. Le tome 1er du *Droit de cité romaine* est le résumé de cet enseignement : la mort nous a privés à jamais de la fin de l'œuvre.

Si la lecture des inscriptions ne présente, du moins pour l'œil, aucune difficulté, il en est autrement des écritures si variées que vous rencontrerez dans les documents du moyen âge, et aussi dans ceux du XVIe et même du commencement du XVIIe siècle. Ici, un apprentissage de l'œil est indispensable. Aussi est-ce à la *Paléographie* — c'est par ce nom qu'on désigne la science des anciennes écritures et l'art de les déchiffrer — que je compte consacrer la majeure partie de ces leçons. Nous étudierons ensemble la succession des diverses écritures depuis les premiers siècles de notre ère ; nous suivrons la série des changements qui ont insensiblement transformé le belle et robuste capitale romaine en l'écriture contournée et souvent décourageante du XVIe siècle ; nous apprendrons à résoudre les abréviations qui se rencontrent dans les manuscrits et dans les chartes ; nous dirons quelques mots des matières subjectives de l'écriture (papyrus, parchemin, papier), des instruments de l'écrivain, de la forme extérieure des livres dans l'antiquité et au moyen âge ; nous verrons comment ils étaient fabriqués et de quelle façon ils nous sont parvenus.

La difficulté de se procurer, en nombre suffisant pour les exercices de lecture, des fac-similés d'anciennes écritures est le principal obstacle que rencontre un enseignement pratique — le seul profitable — de la paléographie. La bienveillance de M. le directeur de l'École des chartes et l'intérêt qu'il porte aux études paléographiques me donnent tout lieu d'espérer que cet obstacle pourra être surmonté, du moins pour les fac-similés de chartes. Pour les manuscrits juridiques, assez pauvrement représentés dans la collection de l'École, nous verrons à aviser, et, si ce cours peut se poursuivre pendant quelques années, je ne désespère pas que nous arrivions à lui constituer un petit matériel de paléographie juridique.

La paléographie apprend à lire les documents. Une science voisine, qu'à tort l'on confond parfois avec elle, la *Diplomatique*, apprend à les critiquer, à en vérifier l'authenticité, à en déterminer la date, à distinguer les actes vrais et sincères des actes faux ou tout au moins remaniés. L'étude paléographique du document, l'examen de l'écriture, de l'encre, du parchemin ont déjà fourni à cet égard des indices précieux à l'historien. L'analyse des formules employées par le rédacteur de l'acte, des éléments qui constituent la date de cet acte, l'examen des caractères intrinsèques du document, comme l'on dit quelquefois, achèvent de former sa conviction. L'étude de toutes les parties de la science édifiée d'un seul jet au XVIIe siècle par le génie critique d'un Mabillon ne saurait évidemment se faire ici en détail. Je vous en ferai cependant connaître, soit par un exposé théorique, soit incidemment, à l'occasion de la lecture des documents que j'apporterai devant vous, les parties essentielles, en insistant particulièrement sur la chronologie.

Ce programme, fort vaste déjà, comme vous pouvez en juger, de ce qui constitue les *Sciences auxiliaires de l'histoire du droit* pourrait sans doute s'élargir encore. Des notions sur les procédés de l'historiographie du moyen âge, des règles générales de critique des documents historiques et juridiques autres que les chartes — critique de restitution, critique de provenance — n'y seraient certainement pas déplacées. Le temps ne me permettrait pas d'entrer utilement cette année dans cet ordre sensiblement différent d'idées et d'études. Il me paraît préférable de le réserver complètement. Je me borne pour aujourd'hui à vous renvoyer aux chapitres excellents que MM. Langlois et Seignobos ont écrit sur ce sujet dans le volume dont j'ai déjà eu l'occasion de vous donner le titre.

Ce que nous pourrions peut-être faire dès cette année si, parmi vous, il s'en trouvait quelques-uns disposés à travailler un peu en dehors de nos réunions ordinaires, ce serait de nous retrouver de temps à autre dans une conférence supplémentaire qui pourrait être consacrée à l'examen critique de quelques-uns des travaux parus récemment dans le domaine de l'histoire du droit. Bien mieux qu'un exposé théorique, ces exercices vous initieraient aux procédés de la critique historique; ils vous feraient, en outre, toucher du doigt l'utilité des notions que fournissent les sciences auxiliaires de l'histoire du droit. Les sujets ne vous manqueraient pas. Les Romanistes pourraient étudier, par exemple, la dissertation de M. Girard sur la date de la loi Æbutia. A ceux qu'intéresse plutôt l'histoire du droit et des institutions du moyen âge, je signalerai quelques-unes des *Questions mérovingiennes* de Julien Havet, ces modèles achevés de critique pénétrante, les mémoires en sens divers publiés depuis une quinzaine d'années sur la question des Fausses Décrétales, la dissertation d'Adolphe Tardif sur la date du Formulaire de Marculf, ou encore celle déjà ancienne, mais toujours si digne d'être étudiée, d'Henri Lot sur l'authenticité des *Olim* ; enfin, dans le domaine du droit coutumier, les travaux de M. Viollet sur les *Établissements de saint Louis* ou ceux qui se poursuivent en ce moment sur les coutumes de Bretagne, de Normandie et d'Anjou. Il est inutile d'ajouter à cette énumération les *Mélanges d'histoire du droit et de critique* de M. Esmein, qui sont connus de chacun de vous.

Un enseignement comme celui que nous inaugurons ensemble aujourd'hui, ne peut avoir la prétention, en une trentaine de leçons, de faire de vous des érudits. Ceux d'entre vous qui ont le désir de le devenir savent bien que c'est ailleurs qu'ils doivent aller chercher la science complète et approfondie. Le but de ce cours est plus modeste, et toute son ambition sera satisfaite si vous emportez de ces entretiens, avec une orientation générale dans un ordre d'études qui, jusqu'ici, vous était demeuré à peu près étranger, le goût et, déjà un peu, la pratique des documents originaux.

www.ingramcontent.com/pod-product-compliance
Lightning Source LLC
LaVergne TN
LVHW010338230826
846091LV00009B/3924

9782019285470